Impressum
Verlag: BABADADA GmbH, Nedderfeld 112 , 22529 Hamburg
Geschäftsführer / Verlagsleitung: Harald Hof
Druck: Books on Demand GmbH, In de Tarpen 42, 22848 Norderstedt

Imprint
Publisher: BABADADA GmbH, Nedderfeld 112 , 22529 Hamburg, Germany
Managing Director / Publishing direction: Harald Hof
Print: Books on Demand GmbH, In de Tarpen 42, 22848 Norderstedt, Germany

училище

ښوونځی

класна стая
ټولګی
деление
تقسیم
черна дъска
училищен двор
د ښوونځي حویلی
учител
ښوونکی
хартия
ورق
пиша
لیکل
химикал
قلم
бюро
ډیسک
линеал
خط کش
книга
کتاب
ученик
زده کونکی

ученическа раница

کڅوړه

ученически несесер

د پنسل بکسه

молив

پنسل

острилка за моливи

پنسل تراش

гума

ربړ

блок за рисуване

د رسامۍ پاڼه

2 училище - ښوونځی

рисунка

رسامي

четка

د نقاشی برس

акварелни бои

د نقاشی بکس

ножица

قیچي

лепило

سریښ

тетрадка за упражнения

د تمرین کتاب

домашна работа

کورنۍ دنده

число

شمیر

събиране

جمع

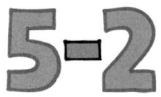

изваждане

منفي

умножение

ضرب

смятане

حساب

буква

توری

азбука

الفبا

hello

дума

کلمه

текст

متن

чета

لوستل

тебешир

تباشیر

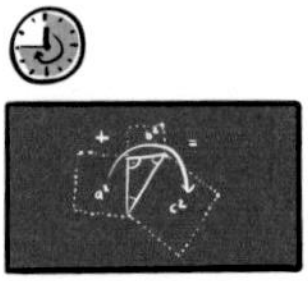

час

درس

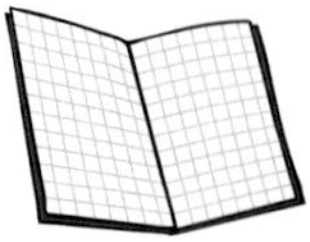

дневник на класа

راجستر

изпит

ازموینه

свидетелство

تصديق پاڼه

ученическа униформа

د ښوونځي يونيفارم

образование

تعليم

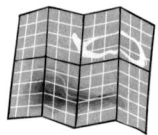

справочник

دایره المعارف

университет

پوهنتون

микроскоп

مايکروسکوپ

карта

نقشه

кошче за хартиени отпадъци

اشغالدانی

хотел
هوټل
Grand
хостел
ليليه
ROOMS
обменно бюро
د اسعارو د تبادلې دفتر
куфар
بکس
кола
موټر

език

ژبه

да / не

هو/نه

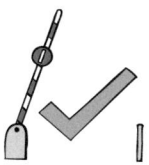

Окей

سمه ده

здравей

سلام

преводач

ژباړونکی

Благодаря

مننه

Колко струва…?

څومره دي...؟

Не разбирам

زه نه پوهيږم

проблем

ستونزه

Добър вечер!

ماښام مو پخير!

Добро утро!

سهار په خير!

Лека нощ!

شپه په خير!

довиждане

په مخه مو ښه

посока

لارښود

багаж

سامان

пътна чанта

بيگ

раница

شاتنی بکس

посетител

ميلمه

стая

خونه

спален чувал

د خوب کڅوړه

палатка

خيمه

ристическа информация

د توریزم معلومات

плаж

ساحل

кредитна карта

کریډیټ کارت

закуска

ناری

обед

د غرمی خواره

вечеря

د شپی خواره

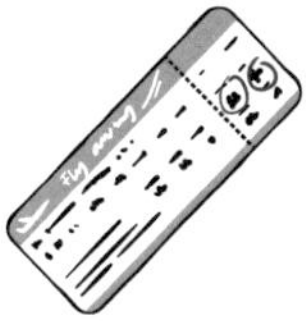

билет

ټیکټ

асансьор

لفټ

пощенска марка

مهر

граница

پوله

митница

ګمرک

посолство

سفارت

виза

ویزه

паспорт

پاسپورت

транспорт
ټرانسپورټ

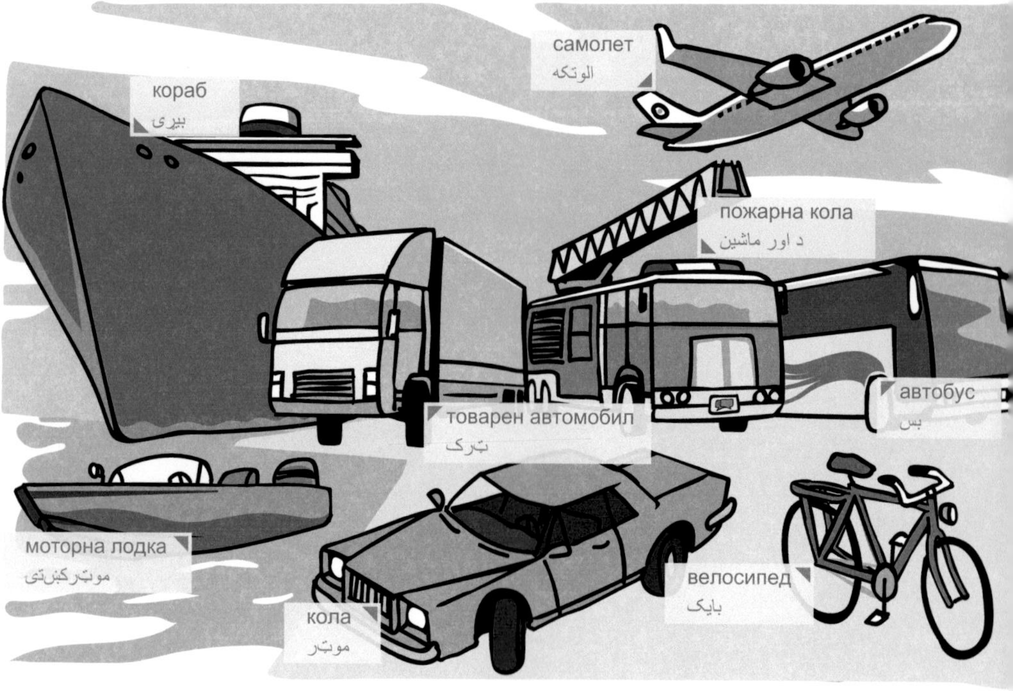

самолет
الوتکه
кораб
بېړۍ
пожарна кола
د اور ماشین
товарен автомобил
ټرک
автобус
بس
моторна лодка
موټرکښتی
велосипед
بایک
кола
موټر

ферибот

کښتی

лодка

کښتی

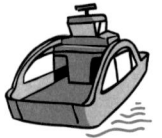

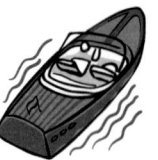

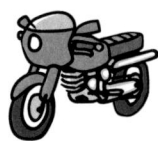

мотоциклет

موټرسایکل

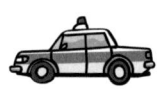

полицейска кола

د پولیسو موټر

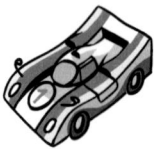

състезателна кола

د ریس موټر

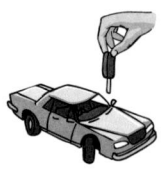

кола под наем

کرایی موټر

каршеринг

د کرایه موټری

автомобил от "Пътна помощ"

جرثقیل لرونکی ټرک

сметовоз

ریفیوز ټرک

двигател

موټر

бензин

سونګ توکي

бензиностанция

پټرول سټیشن

пътен знак

ترافیکي نښه

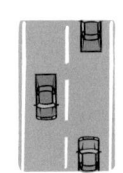

улично движение

ترافیک

задръстване

جام ترافیک

паркинг

د موټرو تمځای

гара

د ریل سټیشن

релси

پاټکي

влак

ریل

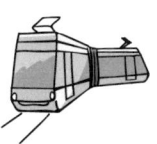

трамвай

ټرام

вагон

واګون

хеликоптер

چورلکه

аерогара

هوايي ډګر

кула

برج

пасажер

مسافر

контейнер

کانټينر

кашон

کارتون

ръчна количка

کارت

кошница

ټوکرۍ

излитам / приземявам се

الوتنه کول/کښېناستل

град

ښار

село

کلی

градски център

د ښار مرکز

къща

کور

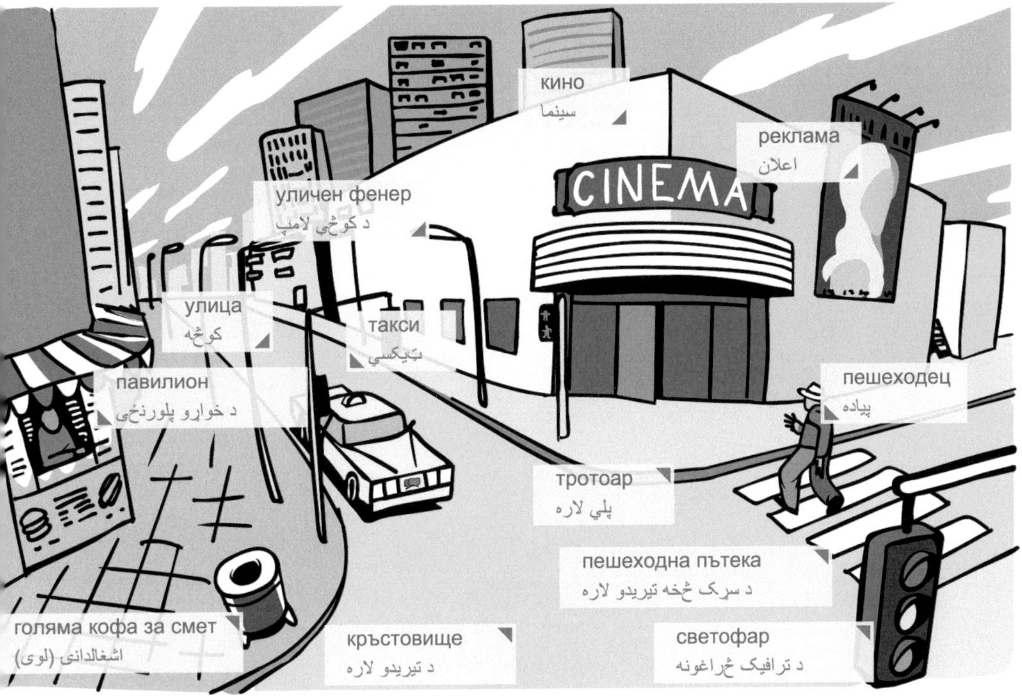

кино
سینما

реклама
اعلان

уличен фенер
د کوڅې لامپ

CINEMA

улица
کوڅه

такси
ټېکسي

пешеходец
پیاده

павилион
د خوارو پلورنځی

тротоар
پلي لاره

голяма кофа за смет
اشغالدانۍ (لوی)

кръстовище
د تيريدو لاره

пешеходна пътека
د سرک څخه تيريدو لاره

светофар
د ترافيک څراغونه

хижа

کودله

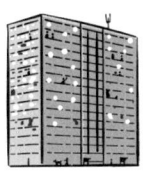

жилище

اپارتمان

гара

د ريل سټېشن

кметство

ټاون هال

музей

میوزیم

училище

ښوونځی

университет

پوهنتون

банка

بانک

болница

روغتون

хотел

هوټل

аптека

درملتون

офис

دفتر

книжарница

کتاب پلورنځی

магазин за цветя

پلورنځی

магазин за цветя

د ګلانو پلورنځی

супермаркет

لوی پلورنځی

пазар

مارکیټ

универсален магазин

د ډیپارټمنټ سټور

търговец на риба

کب پلورنځی

търговски център

د پلور مرکز

пристанище

لنګرتون

парк

پارک

пейка

بینچ

мост

پل

стълба

زینه

метро

د ځمکي لاندي

тунел

تونل

автобусна спирка

بس تمځای

бар

بار

ресторант

ریسټورانټ

пощенска кутия

پوست بکس

улична табелка

د کوڅې نښه

часовник за паркинг престой

د پارک کولو میټر

зоологическа градина

ژوبڼ

плувен басейн

د لامبو حوض

джамия

مسجد

селски двор

كرونده

замърсяване на околната среда

ناپاکي

гробище

هديره

църква

چرچ

детска площадка

د لوبو ډګر

храм

معبد/کلیسا

пейзаж

منظره

листо
پاڼه

пътепоказател
د لارښوونی نښه

път
لاره

ливада
چمن

камък
کانی

пътешественик
هيکر

дърво
ونه

река
سيند

трева
وانښه

цвете
ګل

долина

دره

планина

غونډۍ

море

ناور

гора

ځنګل

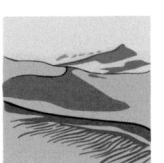

пустиня

دښته

вулкан

اورشیندی

замък

کلا

дъга

رنګين كمان

гъба

مرخيړي

палма

پلم ونه

комар

ماشي

муха

الوتل

мравка

میږی

пчела

مچۍ

паяк

غونډل/جولا

бръмбар

ګونګټ

жаба

چونګښه

катеричка

نولی

таралеж

زیږکی

заек

سوی

кукумявка

ګونګ

птица

مرغۍ

лебед

قازه

диво прасе

نرخوګ

елен

هوسۍ

лос

ګاوزه

бент

بند

вятърна турбина

بادي توربین

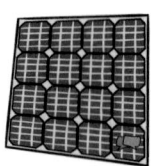

соларен модул

سولر تختي

климат

اقلیم

ресторант

ریسټورانټ

келнер
پیشخدمت
меню
مینو
стол
супа
سوپ
пица
پیزا
прибори за хранене
ښاخې، چاقو، کاشوغه
покривка за маса
د میز ټوټه

предястие

سټارټر

основно ястие

اصلي خواړه

десерт

شیریني

напитки

څښاک

ядене

خواړه

бутилка

بوتل

бързо хранене

فاسټ فوډ

улична храна

د کوڅې خواړه

кана за чай

چای جوش

кутия за захар

قندانۍ

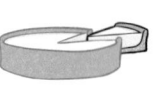

порция

برخه

еспресо машина

اسپرسو مشین

висок детски стол

لوړه چوکۍ

сметка

رسید

табла

مجمه

ножица за нокти

چاکو

вилица

پنجه

лъжица

قاشق

чаена лъжичка

چای قاشق

салфетка

سورویت

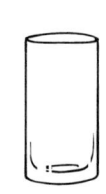

стъклена чаша

ګلاس

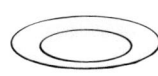

чиния

پلیټ

чиния за супа

د سوپ پلیټ

чинийка

نالبکۍ

сос

ساس

солница

مالګه شیندونکی

мелничка за черен пипер

د مرچ ټکولو لوخی

оцет

سرکه

олио

غوړي

подправки

مساله

кетчуп

کچ اپ

горчица

شرشم

майонеза

چکه

супермаркет

لوی پلورنځی

оферта
FOR
клиент
پیرودونکی
млечни продукти
لبنیات
плодове
میوه
количка за покупки

кланица

قصابي

хлебарница

نانوایی

тегля

وزن کول

зеленчуци

سبزیجات

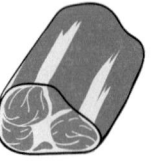

месо

غوښه

дълбоко замразена храна

کنګل خواړه

нарязан колбас или сирене
يخه غوښه

консерви
کنسروا خواړه

перилен препарат
د مينځلو پوډر

лакомства
شيريني

домакински изделия
کورني توليدات

почистващи препарати
د پاکولو محصولات

продавачка
د پلور فرد

каса
د نغدي راجستر

касиер
صراف

списък на покупките
د پيرود ليست

работно време
کاري ساعتونه

портфейл
بټوه

кредитна карта
کريډيټ کارت

чанта
کڅوړه

пластмасова торба
پلاستيک کڅوړه

напитки

څښاک

вода

اوبه

сок

جوس

мляко

شیده

кола

کوک

вино

واین

бира

بیر

алкохол

الکول

какао

ککاو

чай

چای

кафе машина

کافي

еспресо

اسپرسو

капучино

کپچینو

банан

کیله

ябълка

مڼه

портокал

نارنج

пъпеш

هندواڼه

лимон

لیمو

морков

گازره

чесън

هوږه

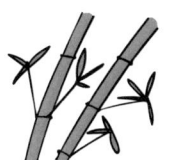

бамбук

بانکس

лук

پیاز

гъба

مرخیړي

ядки

چغزی

макарони

آش

спагети

سپیګټي

ориз

وریجي

салата

سلاد

пържени картофи

چپس

печени картофи

سره کړي کچالو

пица

پیزا

хамбургер

همبرګر

сандвич

سانډویچ

шницел

کتره

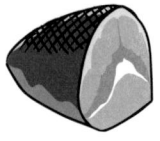

шунка

د پتون غوښه

траен колбас

سلمي

салам

ساسچ

пиле

چرګ

печено

روسټ

риба

کب

овесени ядки

د وربشی شیرنی

мюсли

موسلي

корнфлейкс

د جوار پلی

брашно

اوړه

кроасан

کروسانت

хлебчета

د ډوډی رول

хляб

ډوډی

препечена филийка

ټوسټ

бисквити

بسکیټ

масло

کوچ

извара

چکه

сладкиш

کیک

яйце

هګی

яйца на очи

پښی هګی

сирене

پنیر

ядене - خواړه

25

сладолед

آیس کریم

захар

بوره

мед

شهد

мармалад

مربا

нуга крем

نوگاټ کریم

къри

کورکمان

селски двор

کرونده

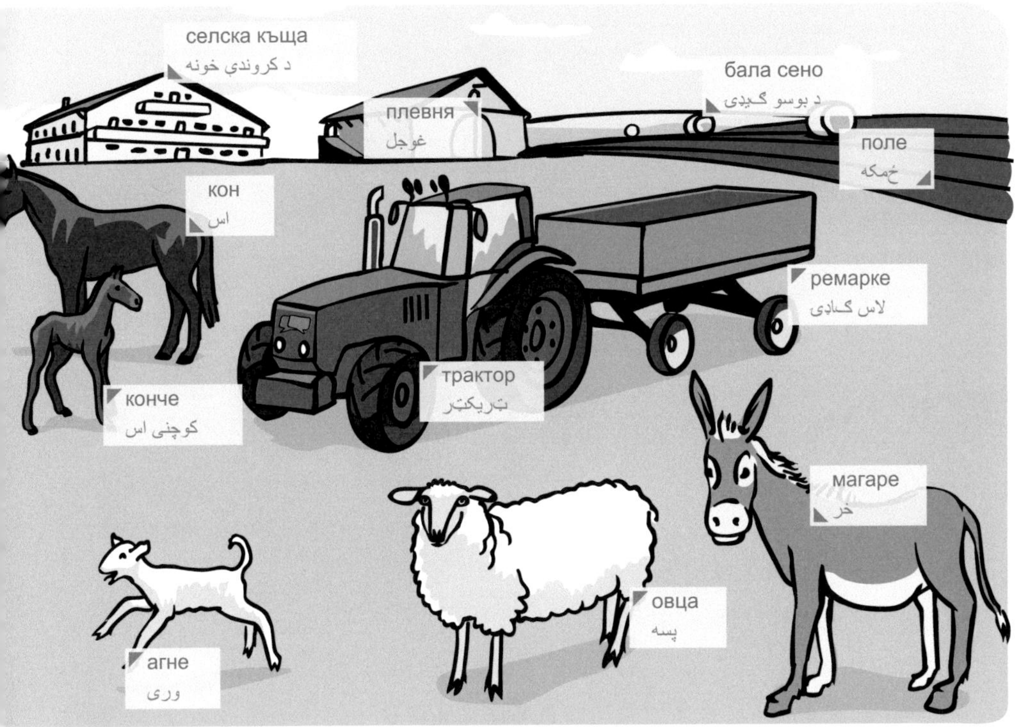

селска къща
د کروندي خونه
плевня
غوجل
бала сено
د بوسو گېډۍ
поле
ځمکه
кон
اس
ремарке
لاس گاډی
трактор
ټریکټر
конче
کوچنی اس
магаре
خر
овца
پسه
агне
وری

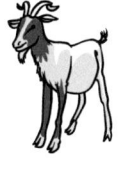

коза

وزه

крава

غوا

теле

خوسکی

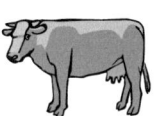

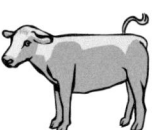

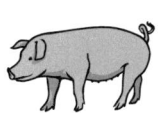

свиня

خوگ

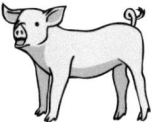

прасенце

د خوگ بچی

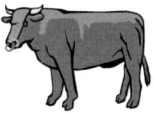

бик

غویی

гъска

بته

патица

هیلی

пиленце

چرگوړی

кокошка

چرگه

петел

بانگي

плъх

سارای موږک

котка

پیشک

мишка

موږک

вол

غویی

куче

سپی

кучешка колиба

د سپي خونه

градински маркуч

د باغ هوز

лейка

د اوبو لوخی

коса

لور (داس)

плуг

یوی

сърп

لور

мотика

رمبی

вила за тор

ښاخی

брадва

تبر

ръчна количка

کراچۍ

корито

ناوه

съд за мляко

د شیدو لوخی

чувал

جوال

ограда

کټاره

обор

مضبوط

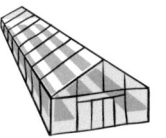

парник

شنه خونه

земя

خاوره

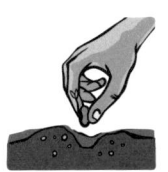

сеитба

تخم

тор

سره/کود

комбайн

ګډ ریبونکی ماشین

жъна

زیرمه کول

реколта

درمند

ямс

خواره کچالو

жито

غنم

соя

سویا

картоф

کچالو

царевица

جوار

рапица

نباتي تخم

овощно дърво

د میوی ونه

маниока

مانیوک

зърнени храни

غله

къща

کور

комин
درځه
покрив
بام
улук
ناودان
прозорец
гараж
звънец
د دروازې زنګ
врата
دروازه
кофа за боклук
اشغالدانی
пощенска кутия
د لیک بکس
градина
باغ

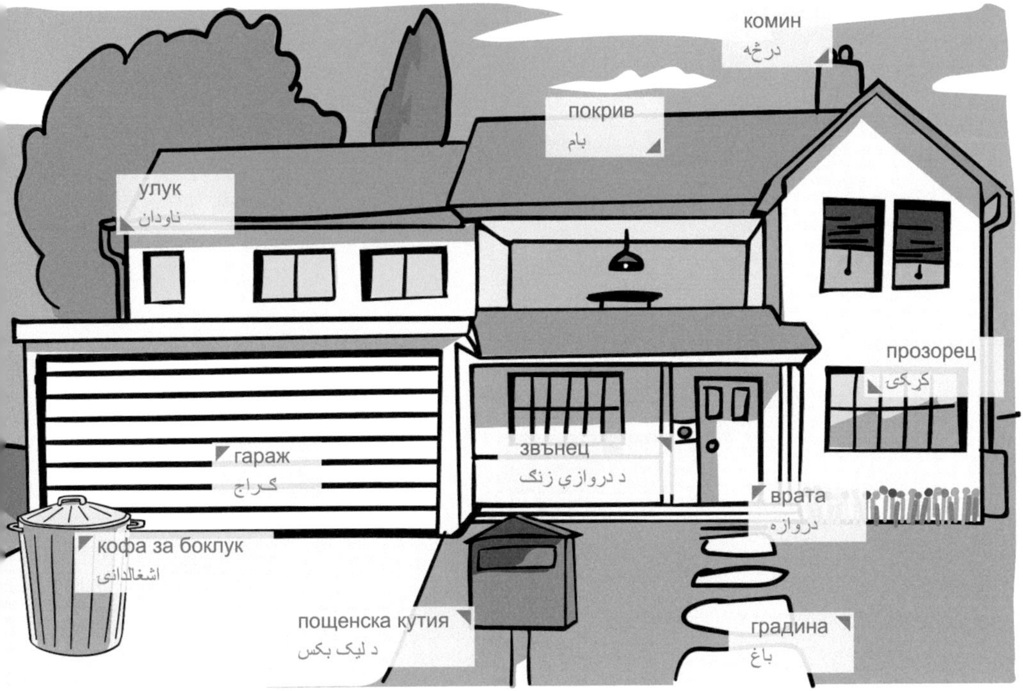

всекидневна

د اوسیدو خونه

баня

حمام

кухня

پخلنځی

спалня

د ویده کیدو خونه

детска стая

د ماشوم خونه

трапезария

د خوړو خونه

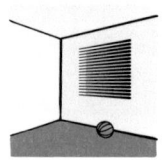

под

فرش

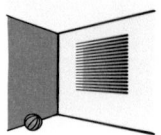

стена

دیوال

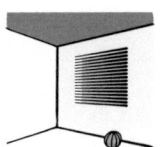

таван

چت

изба

زیرخانه

сауна

سونا

балкон

بالکوني

тераса

ټراس

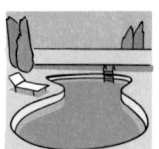

плувен басейн

حوض

косачка

د چمن وهلو ماشین

спално бельо

شيټ

покривка за легло

روجایی

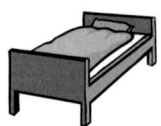

легло

تخت

метла

جارو

кофа

بوکه

електрически ключ

سویچ

всекидневна

د اوسیدو خونه

тапет
والپیپر
картина
عکس
лампа
لامپ
рафт
شیلف
шкаф
الماری
телевизор
تلویزیون
камина
نغری
цвете
ګل
възглавница
بالښت
канапе
صوفه
ваза
ګلدانی
дистанционно управление
ریموټ کنټرول

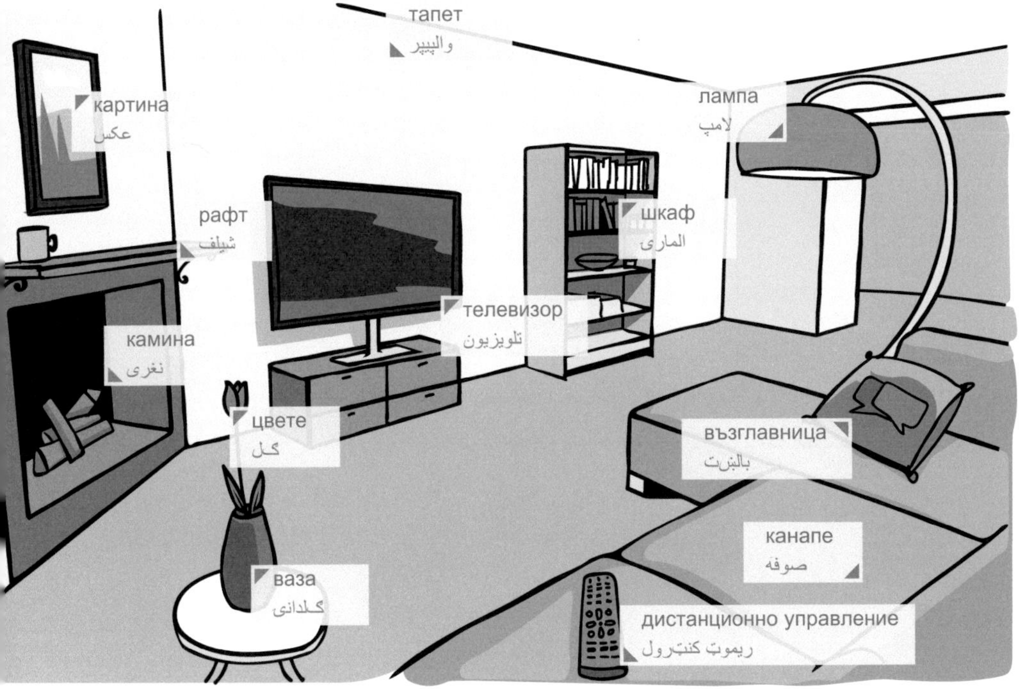

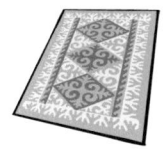

килим

غالی

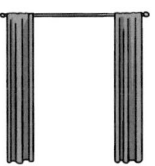

завеса

پرده

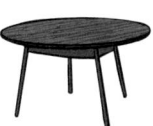

маса

میز

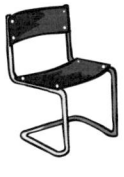

стол

چوکی

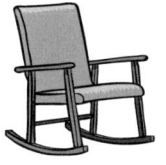

люлеещ се стол

تاویدونکی چوکی

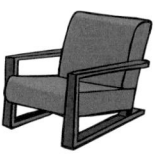

кресло

بازو لرونکی چوکی

книга

کتاب

одеяло

کمپل

декорация

ډيکوريشن

дърва за отопление

د اور لرګـي

филм

فلم

стерео уредба

هاي-فاى

ключ

کلي

вестник

ورځپاڼه

живопис

نقاشي

постер

پوسټر

радио

راډيو

бележник

کتابچه

прахосмукачка

واکيوم جارو

кактус

کاکتوس

свещ

شمع

кухня
پخلنځی

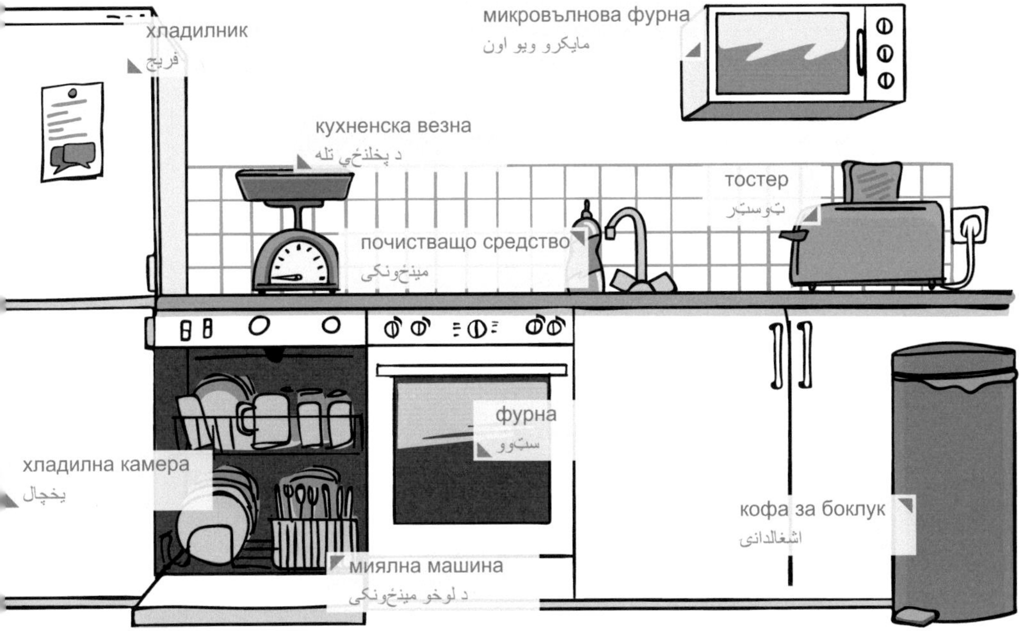
хладилник
فریج
микровълнова фурна
مایکرو ویو اون
кухненска везна
د پخلنځي تله
тостер
ټوسټر
почистващо средство
مینځونکی
фурна
سټوو
хладилна камера
یخچال
кофа за боклук
اشغالدانی
миялна машина
د لوخو مینځونکی

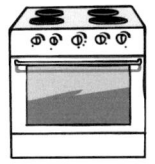

готварска печка
دیگ بخار

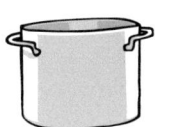

тенджера
لوخی

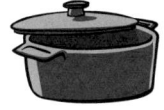

желязна тенджера
چدني لوخی

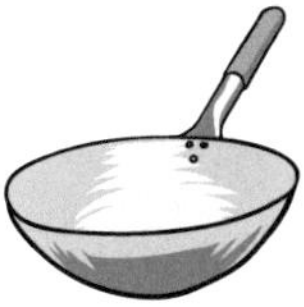
уок / кадаи
ووک

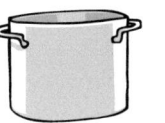

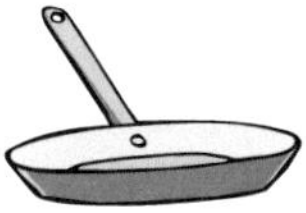
тиган
د تلی په

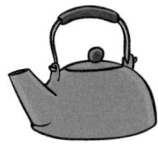

кана за затопляне на вода
چای جوش

уред за готвене на пара

د بخار دیګ

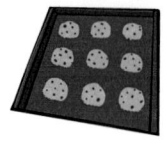

тава за печене

پتنوس

съдове

لوخي

чаша

مګ

купа

کاسه

клечки за хранене

د رانیولو اوزار

черпак

څمڅۍ

лопатка за тиган

کفګیر

тел за разбиване (на яйца, белтъци)

پاکونکی

кошница за варене

صافي

гевгир

غلبیل

ренде

ګریټر

хаван

اونګ

барбекю

بار بي کیو

огнище

خلاص اور

дъска

تخته

точилка

هوارونکی

тирбушон

کارک سکریو

кутия

ټيم

отварачка за консерви

د ټيم خلاصونکی

кухненска ръкохватка

د لوخي ټوټه

мивка

ظرف شوی

четка

برس

гъба

سپنج

миксер

بلينډر

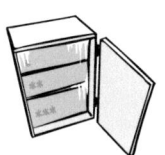

фризер

ژور يخچال

бебешко шише

د ماشوم بوتل

воден кран

نل

баня

حمام

душ
شاور
отопление
تودول
хавлиена кърпа
جان پاک
завеса за баня
د شاور پرده
шампоан за вана
ببل حمام
вана
د حمام ټب
стъклена чаша
گـلاس
перална машина
د مینځلو مشین
воден кран
نل
плочки
ټایلونه
гърне
یو ډول کموډ
мивка
ظرف شوی

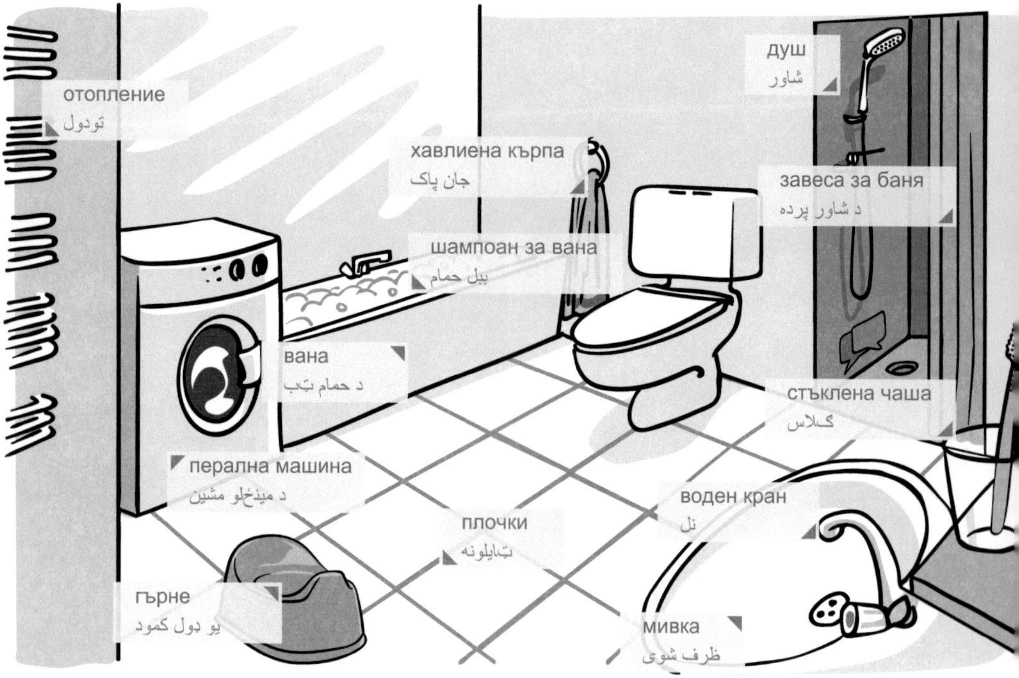

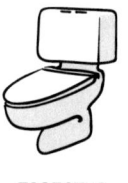

тоалетна

تشناب

клекало

فرشي کموډ

биде

کموډ

писоар

د متیازو ځای

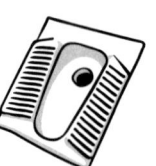

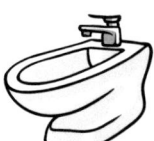

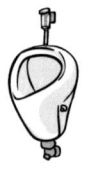

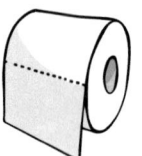

тоалетна хартия

تشناب کاغذ

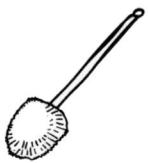

четка за тоалетна

د تشناب برس

четка за зъби

د غاښونو برس

паста за зъби

د غاښونو کریم

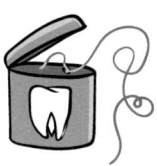

конец за зъби

د غاښونو نخ

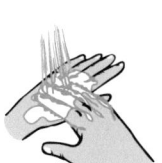

мия

مینځل

ръчен душ

لاسي شاور

интимен душ

دوش

леген

خانک

четка за гръб

د شا برس

сапун

صابون

душ гел

د شاور ژل

шампоан за вана

شامپو

гъба за баня

فلانل جامه

сифон

وچول

крем

کریم

дезодорант

سپری

огледало

آینه

козметично огледало

لاسي أینه

ръчна самобръсначка

ریزر

пяна за бръснене

د خریلو فوم

одеколон за след
бръснене

د خریلو وروسته

гребен

ګمنځ

четка

برس

сешоар

د ویښتانو وچونکی

спрей за коса

د ویښتانو سپری

грим

میک اپ

червило

لیپ سټیک

лак за нокти

د نوکانو پالش

памук

کاټن وری

ножица за нокти

ناخن ګیر

парфюм

عطر

тоалетна чантичка

د مینځلو کڅوړه

табуретка

سټول

везна

د وزن کولو تله

хавлия

د حمام پوښاک

домакински ръкавици

د ربړ دستکش

тампон

ټامپون

дамски превръзки

صحیی جان پاک

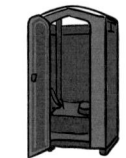

химическа тоалетна

کیمیکل تشناب

детска стая

د ماشوم خونه

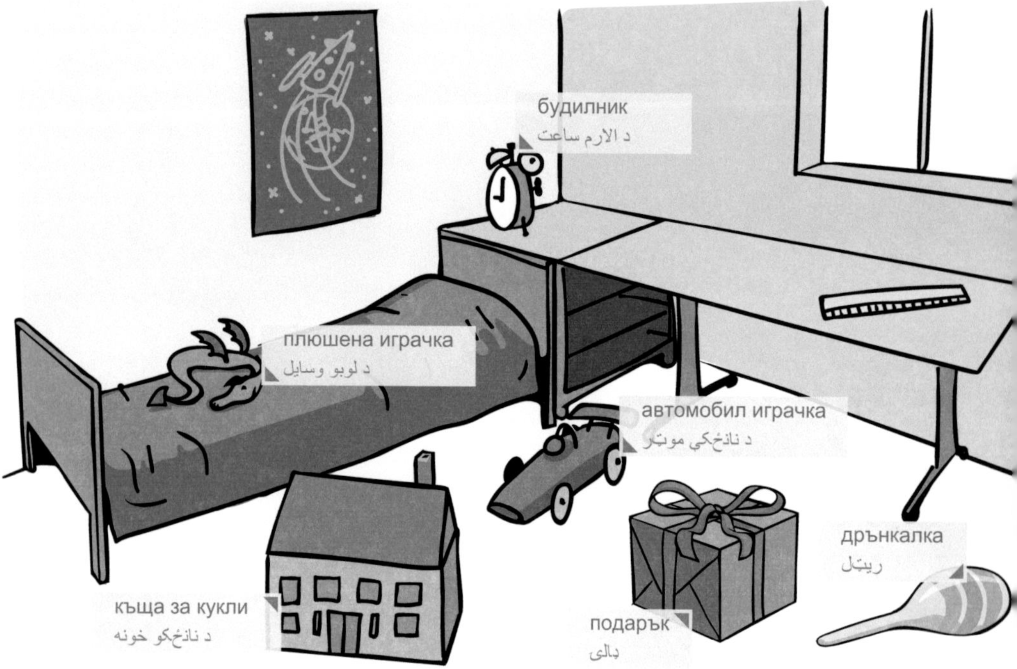
будилник
د الارم ساعت
плюшена играчка
د لوبو وسایل
автомобил играчка
د ناڅکي موټر
дрънкалка
ریټل
къща за кукли
د ناڅکو خونه
подарък
ډالۍ

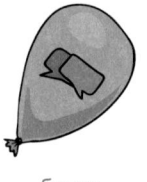

балон

بالون

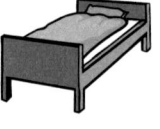

легло

تخت

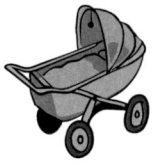

детска количка

کالسکه

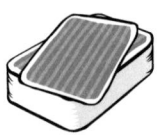

игра на карти

د لوبو ورقې

пъзел

جیګسا

SUPER
MEGA

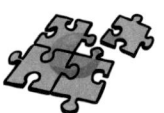

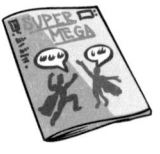

комикс

مسخره

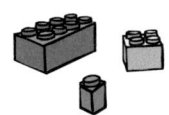

лего елементи

لیګو بریک

строителни елементи

د نانځکو بلاک

екшън фигурка

د اکشن فیګور

бебешки гащеризон

د ماشوم پوښاک

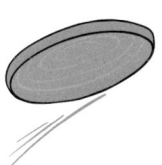

фрисби

فریزبي

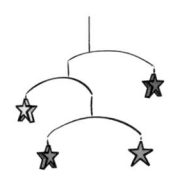

бебешки играчки за легло

موبایل

настолна игра

بورډ لوبه

зарче

تاس

миниатюрно влакче

ماډل ریل سیټ

биберон

ګونګشی

парти

پارټي

детска книга с илюстрации

د عکسونو البوم

топка

بال

кукла

نانځکه

играя

لوبیدل

пясъчник

د شګو کنده

люлка

سوينګ

играчка

نانځکي

игрова конзола

د ويډيو لوبو کنسول

велосипед с три колелета

ټرای سایکل

плюшено мече

ګوډکه

гардероб

د کالو الماری

облекло
پوښاک

къси чорапи

جرابي

дълги чорапи

لوړي جرابي

чорапогащник

ټایټس

шал
زروکی

колан
کمربند

чадър
چتری

T-шърт
ټي شرت

гуменки
سنیکر

ботуши
بوټان

пантофи
سلیپر

сандали
سیندل

обувки
بوټان

гумени ботуши
د ربر بوټان

слип
زیرنیکري

сутиен
سینه بند

долна блуза
واسکټ

боди

باډي

панталон

پتلون

дънки

جينز

пола

لمن

блуза

بلاوز

риза

شرټ

пуловер

بنيان

суичър

سويټر

блейзър

بليزر

яке

جاکټ

палто

کوټ

дъждобран

د باران کوټ

костюм

پوښاک

рокля

کالي

булчинска рокля

د واده پوښاک

костюм

دريشي

нощница

د شپې پوښاک

пижама

پاجامه

сари

ساړي

кърпа за глава

لوپټه

тюрбан

پټکی

бурка

برقه

кафтан

کفتن

абая

عبا

бански костюм

د لامبو پوښاک

плувни шорти

نيکر

къс панталон

شارټ

анцуг

د ځغاستې پوښاک

престилка

پيش بند

ръкавици

دستکش

копче

بټن

очила

عینک

гривна

لاس بند

верижка

غاړه کۍ

пръстен

ګوتمه

обеца

غوږوالۍ

каскет

خولۍ

закачалка

کوټ بند

шапка

خولۍ

вратовръзка

ټایی

цип

ځنځیر

каска

هیلمیټ

тиранти

تړونکی

ученическа униформа

د ښوونځي یونیفارم

униформа

یونیفارم

лигавник

بيب

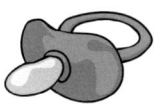

биберон

ګـونګـشی

пелена

نيپي

офис

دفتر

сървър
سرور
шкаф за документи
د دوسيه الماری
принтер
پرينټر
хартия
ورق
монитор
مانيټور
мишка
ماوس
бюро
ډيسک
папка
клавиатура
کي بورډ
кошче за хартиени отпадъци
اشغالدانی
компютър
کمپيوټر
стол
چوکی

чаша за кафе

د کافي پياله

джобен калкулатор

کالکوليټر

интернет

انټرنيټ

лаптоп

لپ ټاپ

писмо

لیک

съобщение

پیغام

мобилен телефон

موبایل

мрежа

نیټورک

ксерокс

فوټوکاپیر

софтуер

سافټویر

телефон

تلیفون

контакт

پلگ ساکټ

факс

فکس مشین

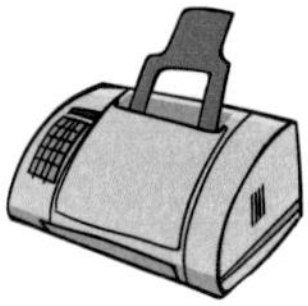

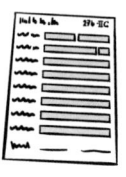

формуляр

فارم

документ

سند

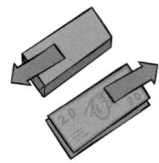

купувам

پيرل

плащам

تاديه کول

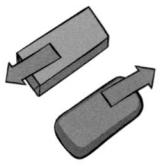

търгувам

سوداگري کول

пари

پيسي

долар

دالر

евро

يورو

йена

ين

рубла

ربل

швейцарски франк

سويسي فرانک

ренминби юан

رينمينبي يوان

рупия

روپۍ

банкомат

د نغدي پيسو خاى

обменно бюро

د اسعارو د تبادلي دفتر

злато

سره زر

сребро

سپین زر

нефт

تیل

енергия

انرژي

цена

نرخ

договор

قرارداد

данък

مالیه

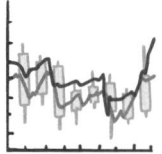

акция

اسهام

работя

کار کول

служител

کارمند

работодател

کار ګومارونکی

фабрика

فابریکه

магазин за цветя

پلورنځی

професии

مسلکونه

полицай
د پولیسو افسر
пожарникар
د اطفایه غړی
готвач
آشپز
лекар
ډاکټر
пилот
پیلوټ

градинар

باغوان

мебелист

نجار

шивачка

خیاط

съдия

قاضي

химик

کیمیا پوه

артист

د فلم لوبغاړی

шофьор на автобус

د بس ډرایور

шофьор на такси

د ټېکسي ډرایور

рибар

کب نیونکی

чистачка

خدمه

майстор на покриви

بام جوړونکی

келнер

پېشخدمت

ловец

ښکاري

художник

نقاش

хлебар

نانوا

електротехник

د برېښنا کارکونکی

строителен работник

تعمیر جوړونکی

инженер

انجنیر

касапин

قصاب

тенекеджия

نلدوان

пощальон

پوست رسونکی

войник

سرتیری

архитект

مهندس

касиер

صراف

цветар

مالیار

фризьор

نایی

кондуктор

کلینډر

механик

میکانیک

капитан

کپتان

зъболекар

د غاښونو ډاکټر

научен работник

ساینس پوه

равин

ښاغلی

имàм

امام

монах

مذهبي نفر

свещеник

پادري

инструменти

لوازم

клещи
پلاس
чук
څټکی
отвертка
پیچکش
гаечен ключ
رینچ
джобна лампа
څراغ

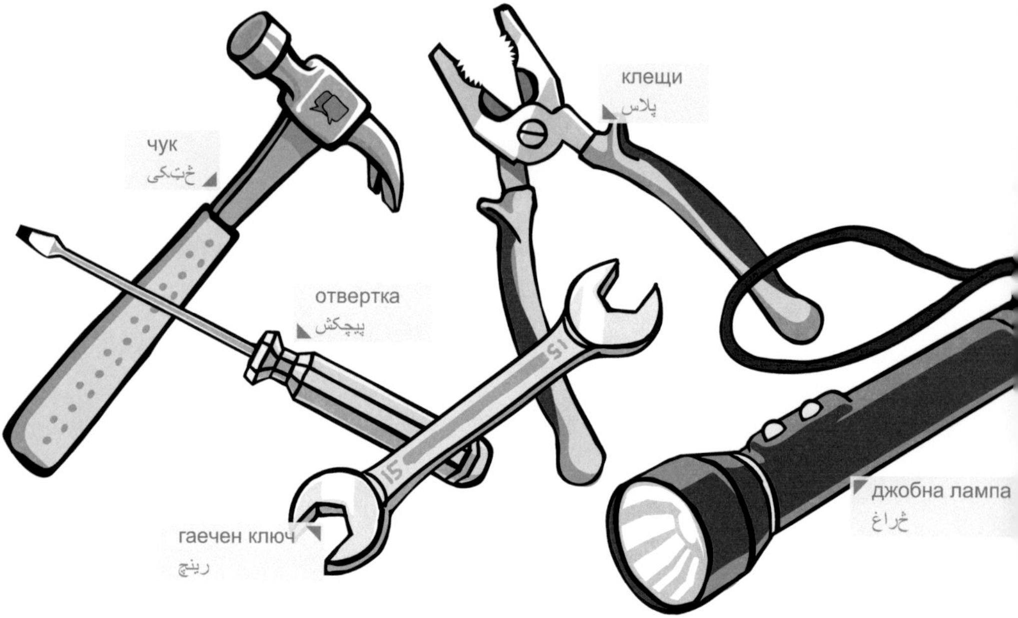

багер

کنستونکی

кутия за инструменти

د لوازمو بکس

стълба

زینه

трион

اره

пирони

میخونه

бормашина

برمه

ремонтирам

ترميم کول

лопата

بيل

По дяволите!

لعنت!

лопатка за смет

خاک انداز

кутия за боя

مشواڼی

болтове

پيچونه

музикални инструменти

د میوزیک آلات

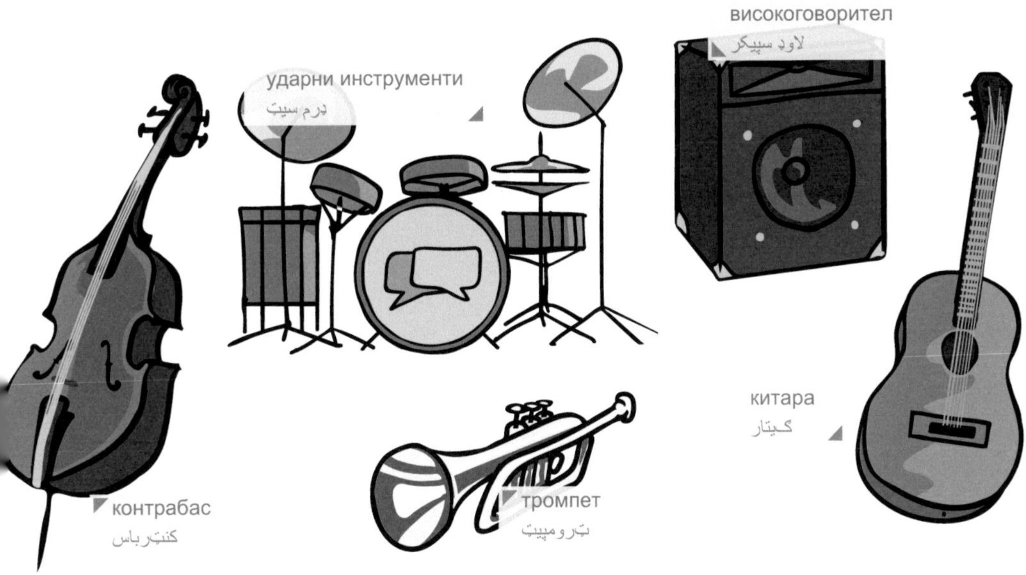

високоговорител
لاوډ سپيکر
ударни инструменти
ډرم سيټ
китара
ګيتار
контрабас
کنټرباس
тромпет
ټرومپيټ

пиано

پیانو

виолина

وایلن

контрабас

باس

тимпан

نغاره

барабан

ډرمونه

електрическо пиано

کي بورډ

саксофон

سیکسافون

флейта

شپیلۍ

микрофон

مایکروفون

зоологическа градина

ژوبڼ

тигър
вход
ننوتو لاره
бръмбар
پنجره
зебра
ګوره خر
храна за животни
د ژويو خواړه
панда

животни

ژوی

слон

هاتي

кенгуру

کنګرو

носорог

د اوبو اسپ

горила

ګوريلا

мечка

ايږه

камила

اوښ

щраус

شترمرغ

лъв

زمری

маймуна

بيزو

фламинго

غزی

папагал

طوطي

бяла мечка

قطبي ايږه

пингвин

پينګوين

акула

شارک

паун

طاوس

змия

مار

крокодил

تمساح

пазач в зоологическа
градина

ژوبڼ ساتونکی

тюлен

سيل

ягуар

جگوار

пони

یابو

леопард

پړانګ

хипопотам

هیپو

жираф

زرافه

орел

باز

диво прасе

نرخوګ

риба

کب

костенурка

شمشتی

морж

سمندري نولی

лисица

ګیدړه

газела

هوسۍ

спорт
ورزش

американски футбол
امریکایی فټبال
колоездене
سایکل ځغلول
тенис
ټینیس
баскетбол
باسکیټبال
плуване
لامبو
бокс
باکسینګ
хокей на лед
د کنګل هاکي

футбол

فټبال

бадминтон

کسیزه

лека атлетика

د ځغاستې لوبې

хандбал

د هندبال

ски бягане

سکي

поло

پولو

скачам
توپ وهل

смея се
خندل

прегръщам
غاړه وركول

вървя
کرخیدل

пея
سندري ویل

сънувам
خوب لیدل

моля се
عبادت کول

целувам
مچو کول

пиша
لیکل

рисувам
کښل

показвам
ښودل

бутам
ټیله کول

давам
ورکول

взимам
اخیستل

имам

درلودل

правя

کول

съм

پاییدل

стоя

ودریدل

тичам

منډې وهل

дърпам

راکښل

хвърлям

ګوزارل

падам

لویدل

лежа

څملاستل

чакам

انتظار کول

нося

وړل

седя

کښیناستل

обличам

پوښاک اغوستل

спя

ویده کیدل

събуждам се

پاڅیدل

разглеждам

کتل

плача

ژړل

милвам

برید کول

реша се

ګمنځ کول

говоря

خبرې کول

разбирам

پوهیدل

питам

غوښتل

слушам

اوریدل

пия

څښل

ям

خوړل

разтребвам

پاکول

обичам

مینه کول

готвя

پخلی کول

карам автомобил

موټر چلول

летя

الوتل

плавам (с платна)

بیړۍ چلول

смятане

حساب

чета

لوستل

уча

زده کول

работя

کار کول

женя се

واده کول

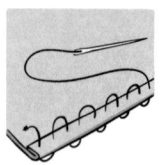

шия

ګنډل

измивам си зъбите

د غاښونو برس کول

убивам

وژل

пуша

سګرټ څښل

изпращам

لیږل

семейство

کورنۍ

баба
نیا
дядо
نیکه
баща
پلار
майка
مور
бебе
ماشوم
дъщеря
لور
син
زوی

посетител

میلمه

леля

ترور

чичо

کاکا/ماما

брат

ورور

сестра

خور

тяло

بدن

чело
تندی
око
лице
مخ
брадичка
زنه
гърди
سینه
пръст
ګوته
ръка
لاس
ръка
مټ
рамо
اوږه
крак
پښه

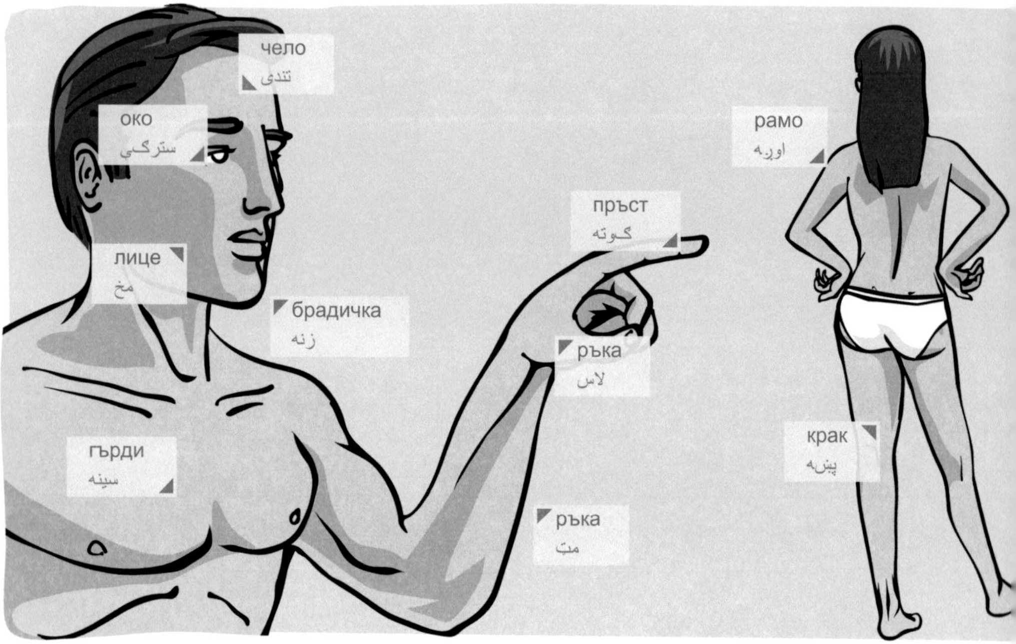

бебе

ماشوم

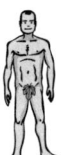

мъж

سړی

жена

ښځه

момиче

انجلۍ

момче

هلک

глава

سر

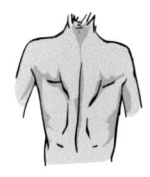

гръб

شا

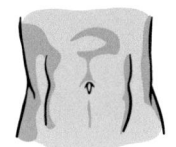

корем

خېټه

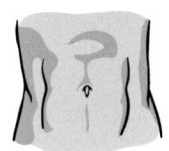

пъп

نوم

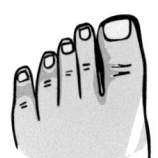

пръст на крака

د پښې ګوته

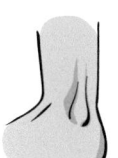

пета

پونده

кост

هډوکی

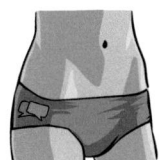

хълбок

کوناټی

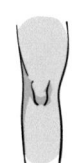

коляно

زنګون

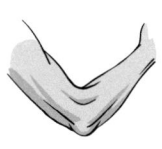

лакът

څنګل

нос

پوزه

седалище

لاندې برخه

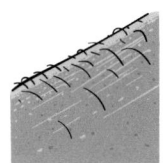

кожа

پوټکی

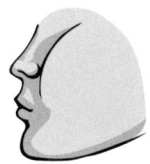

буза

غومبوری

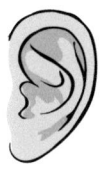

ухо

غوږ

устна

شونډه

уста

خوله

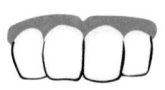

зъб

غاښ

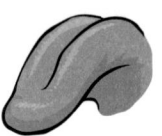

език

ژبه

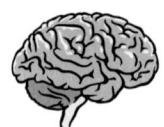

мозък

مغز

сърце

زړه

мускул

عضله

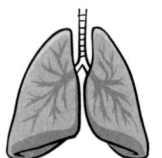

бял дроб

سږی

черен дроб

ځیګر

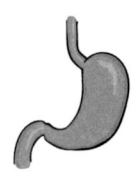

стомах

معده

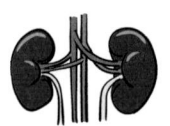

бъбреци

پښتورګي

полово сношение

جنسي نږدې والی

кондом

کاندوم

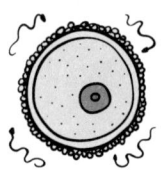

яйцеклетка

تخمه

сперма

مني

бременност

حمل

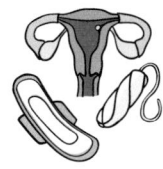

менструация

....

حیض

вагина

....

مهبل

пенис

....

د نارينه تناسلي آله

вежда

....

وروځی

коса

....

ویښته

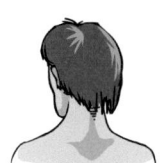

шия

....

غاړه

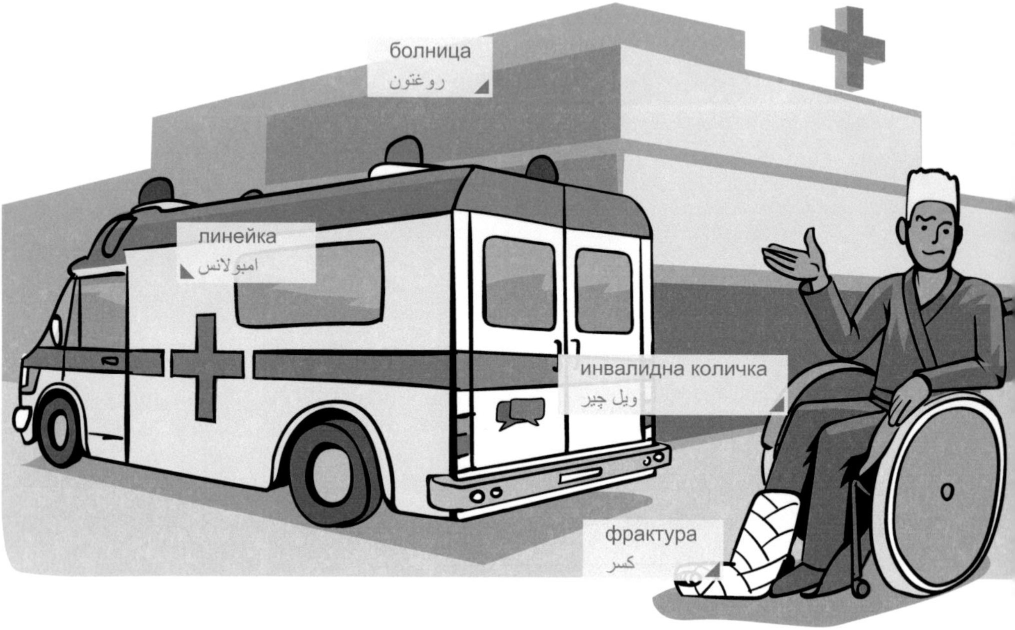

болница
روغتون

линейка
امبولانس
инвалидна количка
ويل چير
фрактура
کسر

лекар
ډاکټر

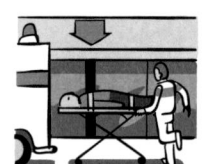

спешна хоспитализация
عاجل خونه

медицинска сестра
رنځورپال

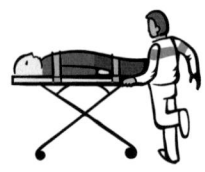

спешен случай
عاجل

в безсъзнание
بي هوش

болка
درد

нараняване

ټپ

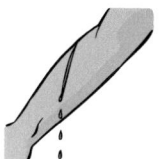

кървене

وینه تویدل

инфаркт

د زړه حمله

инсулт

ضرب

алергия

حساسیت

кашлица

ټوخی

температура

تبه

грип

انفلوینزا

диария

نس ناستی

главоболие

سر درد

рак

سرطان

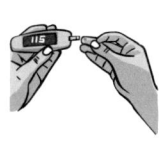

диабет

شکر

хирург

جراح

скалпел

سکالپل

операция

عملیات

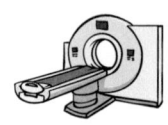

компютърна томография

سي.ټي

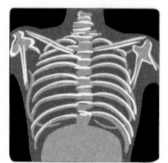

рентген

ایکس رې

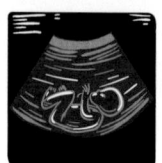

ултразвук

الټراساونډ

маска

د مخ ماسک

болест

ناروغي

чакалня

انتظار خونه

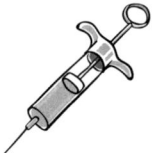

патерица

امسآ

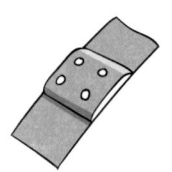

пластир

پلستر

превръзка

بنداژ

инжекция

تزريق

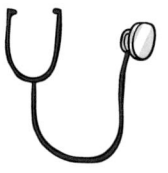

стетоскоп

ستاتسکوپ

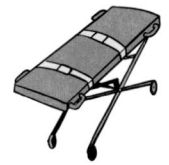

носилка

تسکیره

термометър

کلینکي ترمامیټر

раждане

زیږون

наднормено тегло

زیات وزن

слухов апарат

د اوریدو مرسته

дезинфекционно средство

د عفونیت ځخه پاکونکي مواد

инфекция

عفونیت

вирус

ویروس

HIV / AIDS

ایچ.آی.وی/ایدز

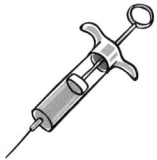

медицина

درمل

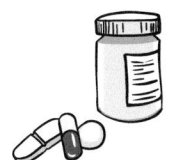

ваксинация

واکسین

таблети

ټابلیټس

противозачатъчна таблетка

ګولۍ

спешно телефонно обаждане

عاجل تلیفون

апарат за измерване на кръвното налягане

د وینې د فشار ځارونکی

болен / здрав

ناروغ/روغ

спешен случай
عاجل

Помощ!

مرسته!

сигнал за тревога

الارم

нападение

يرغل

атака

برید

опасност

خطر

авариен изход

عاجل لاره

Пожар!

اور!

пожарогасител

د اور وژونکی

злополука

پیښه

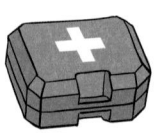

комплект за оказване на първа помощ

د لومړی مرستي لوازم

SOS

ایس.او.ایس

полиция

پولیس

Земя
ځمکه

Европа

اروپا

Северна Америка

شمالي امريکا

Южна Америка

سهيلي امريکا

Африка

افريقا

Азия

آسيا

Австралия

آسټريليا

Атлантически океан

اتلانتيک

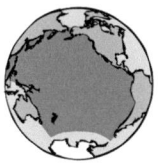

Тихи океан

پاسيفيک

Индийски океан

د هند بحر

Южен ледовит океан

جنوبي منجمد بحر

Северен ледовит океан

د شمال قطب بحر

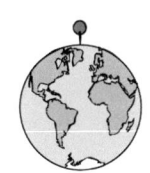

Северен полюс

شمالي قطب

Южен полюс

سهیلي قطب

Антарктида

انټارکټیکا

Земя

ځمکه

суша

ځمکه

море

بحر

остров

ټاپو

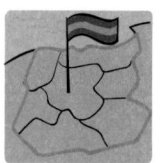

нация

ملت

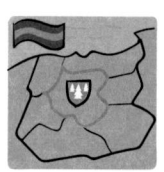

държава

دولت

циферблат

د مخي ساعت

стрелка на часовете

د ساعت ستنه

стрелка на минутите

د دقیقی ستنه

стрелка на секундите

د ثانیی ستنه

Колко е часът?

څه وخت دی؟

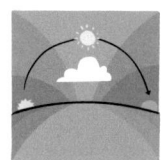

ден

ورخ

време

وخت

сега

اوس

дигитален часовник

دیجیټل ساعت

минута

دقیقه

час

ساعت

седмица

اونۍ

понеделник
دوشنبه
сряда
چهارشنبه
петък
جمعه
събота
شنبه
вторник
سه شنبه
четвъртък
پنجشنبه
неделя
يکشنبه

вчера

پرون

днес

نن

утре

سبا

сутрин

سهار

обед

غرمه

вечер

مابښام

работни дни

کاري ورځې

уикенд

د اونۍ پای

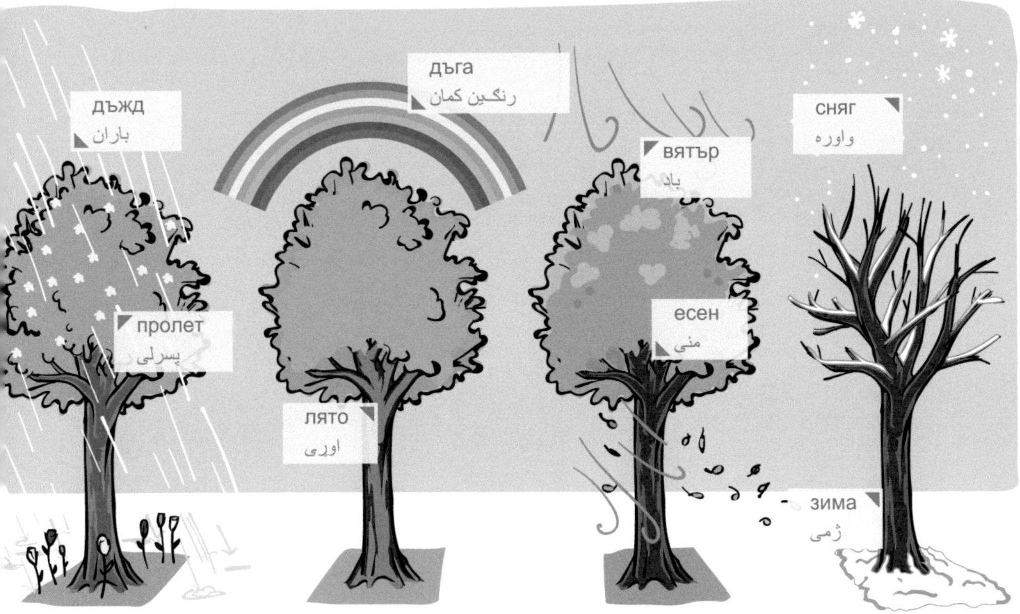

дъжд
باران

дъга
رنگین کمان

вятър
باد

сняг
واوره

пролет
پسرلی

есен
منی

лято
اورى

зима
ژمى

4.APRIL	11°	
5.APRIL	4°	
6.APRIL	13°	
7.APRIL	8°	
8.APRIL	10°	

прогноза за времето

د موسم وړاندوینه

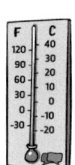

термометър

ترمومیټر

слънчева светлина

د لمر وړانگښی

облак

وریځ

мъгла

لړه

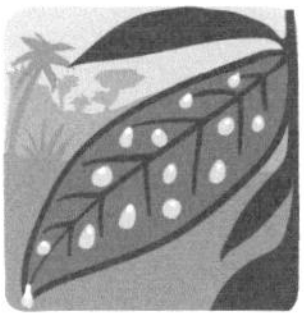

влажност на въздуха

رطوبت

светкавица

رڼا

гръмотевица

تندر

буря

توفان

градушка

ږلۍ وريدل

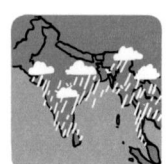

мусон

مون سون باران

наводнение

سیلاب

лед

یخ

януари

جنوري

февруари

فبروري

март

مارچ

април

اپرېل

май

مى

юни

جون

юли

جولاى

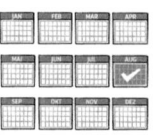

август

اګست

септември

سپتمبر

октомври

اکتوبر

ноември

نومبر

декември

دسمبر

форми

شکلونه

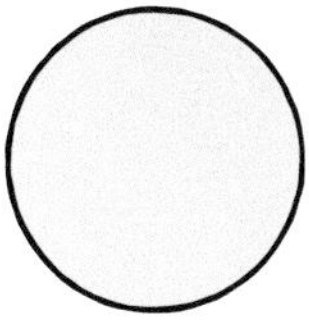

кръг

دایره

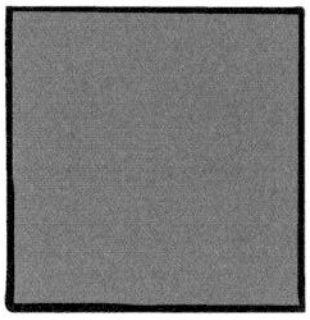

квадрат

مربع

четириъгълник

مستطیل

триъгълник

مثلث

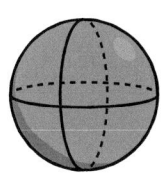

сфера

توپ

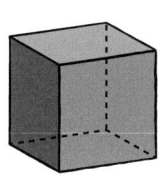

куб

فال

цветове

رنګونه

бял

سپین

жълт

ژیړ

оранжев

نارنجي

розов

ګلابي

червен

سور

лилав

ارغواني

син

نیلي

зелен

شین

кафяв

نسواري

сив

خړ

черен

تور

противоположности

متضاد

много / малко

خورا ډیر/خورا لږ

ядосан / спокоен

قار/ارام

красив / грозен

ښکلی/بدشکله

начало / край

پیل/پای

голям / малък

لوی/کوچنی

светъл / тъмен

روښانه/تیاره

брат / сестра

ورور/خور

чист / мръсен

پاک/ککړ

пълен / непълен

مکمل/نامکمل

ден / нощ

ورځ/شپه

мъртъв / жив

مړ/ژوندی

широк / тесен

پراخه/نری

ядлив / неядлив

د خوراک وړ/نه خوړل کیدونکی

сърдит / любезен

بد/مهربان

развълнуван / скучаещ

پاریدلی/بي خونده

дебел / тънък

چاق/وچ

най-напред / най-накрая

لومړی/وروستی

приятел / враг

ملگری/دښمن

пълен / празен

ډک/تش

твърд / мек

سخت/نرم

тежък / лек

دروند/سپک

глад / жажда

لوږه/تنده

болен / здрав

ناروغ/روغ

нелегален / легален

غیرقانوني/قانوني

интелигентен / глупав

هوښیار/ساده

ляво / дясно

کین/ښي

близо / далече

نږدې/لرې

нов / употребяван

....

نوی/زوړ

нищо / нещо

....

هیڅ/یو څه

стар / млад

....

بډا/ځوان

вкл. / изкл.

....

چالان/بند

отворен / затворен

....

خلاص/تړلی

тих / силен (звук)

....

غلی/لوړ غږ

богат / беден

....

بډایه/غریب

правилен / погрешен

....

صحیح/غلط

грапав / гладък

....

زیږ/ملایم

тъжен / щастлив

....

خفه/خوښ

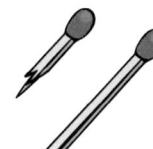

дълъг / къс

....

لنډ/اوږد

бавен / бърз

....

سست/ګړندی

мокър / сух

....

لوند/وچ

топъл / студен

....

ګرم/یخ

война / мир

....

جګړه/سوله

числа

شميرې

0

нула

صفر

1

едно

يو

2

две

دوه

3

три

درې

4

четири

څلور

5

пет

پنځه

6

шест

شپږ

7

седем

اوه

8

осем

اته

9

девет

نهه

10

десет

لس

11

единадесет

يولس

12

дванадесет

دولس

13

тринадесет

دیارلس

14

четиринадесет

څوارلس

15

петнадесет

پنځلس

16

шестнадесет

شپاړس

17

седемнадесет

وولس

18

осемнадесет

اتلس

19

деветнадесет

نولس

20

двадесет

شل

100

сто

سل

1.000

хиляда

زر

1.000.000

милион

میلیون

езици

ژبې

английски

انګلسي

американски английски

امریکایی انګلسي

китайски мандарин

چینایی مندرین

хинди

هندي

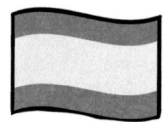

испански

هسپانوي

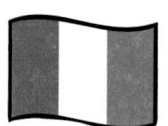

френски

فرانسوي

арабски

عربي

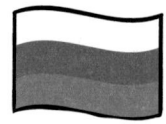

руски

روسي

португалски

پرتګالي

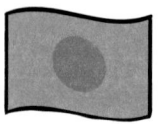

бенгалски

بنګالي

немски

آلماني

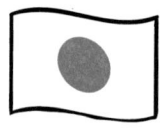

японски

جاپاني

кой / какво / как
څوک/څه/څنګه

аз

زه

ти

ته

той / тя / то

هغه/دغه/دا

ние

موږ

вие

تاسي

те

دوی/هغوی

кой?

څوک؟

какво?

څه؟

как?

څنګه؟

къде?

چیرې؟

кога?

کله؟

име

نوم

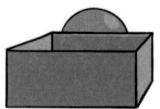

къде

چیرې

зад

شاته

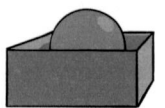

в

په

пред

په مخه کې

над

باندې

върху

په

под

لاندې

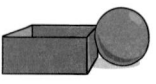

до

برسيره پر

между

ترمينځ

място

ځای